AF219495

Impressum
Verlag: BABADADA GmbH, Nedderfeld 112 , 22529 Hamburg
Geschäftsführer / Verlagsleitung: Harald Hof
Druck: Books on Demand GmbH, In de Tarpen 42, 22848 Norderstedt

Imprint
Publisher: BABADADA GmbH, Nedderfeld 112 , 22529 Hamburg, Germany
Managing Director / Publishing direction: Harald Hof
Print: Books on Demand GmbH, In de Tarpen 42, 22848 Norderstedt

sekolo

school

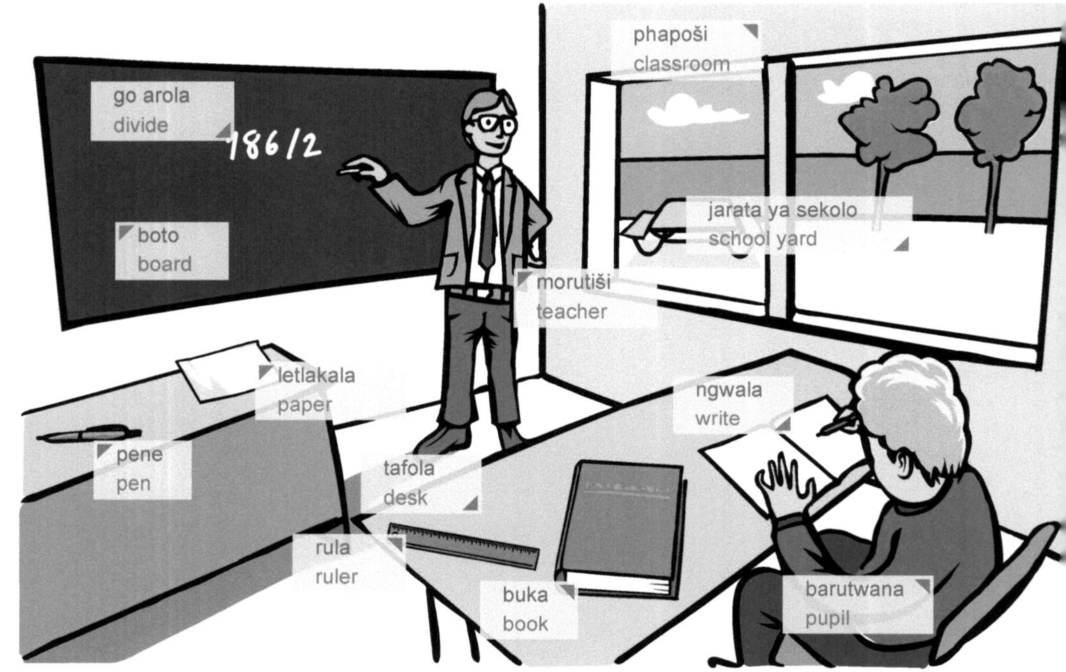

phapoši
classroom
go arola
divide
186/2
boto
board
jarata ya sekolo
school yard
morutiši
teacher
letlakala
paper
ngwala
write
pene
pen
tafola
desk
rula
ruler
buka
book
barutwana
pupil

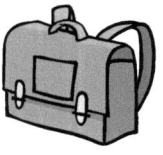

peke

satchel

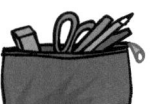

kheise ya phensele

pencil case

phensele

pencil

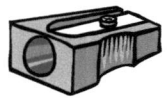

motšhene wa go betla phensele

pencil sharpener

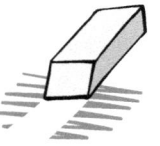

rabhara

rubber

phede ya ho thala

drawing pad

go thala

drawing

borashe ya go penta

paintbrush

lepokisi la go penta

paint box

sekero

scissors

sekgomaretši

glue

puku ya go ngwala

exercise book

mošomo wa gae

homework

nomoro

number

tlatša

add

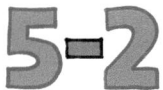

go ntšha

subtract

go atiša

multiply

khalekhuleitha

calculate

lengwalo

letter

alefapete

alphabet

lentšu

word

mongolo

text

bala

read

tšhoko

chalk

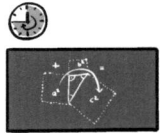

thuto

lesson

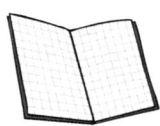

puku ya maina

register

thuto

examination

setifikeite

certificate

diaparo tša sekolo

school uniform

thuto

education

encyclopedia

encyclopedia

yunibesithi

university

maekrosekoupo

microscope

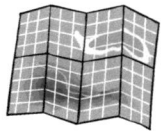

mmapa

map

pasekete ya matlakala a ditšhila

waste-paper basket

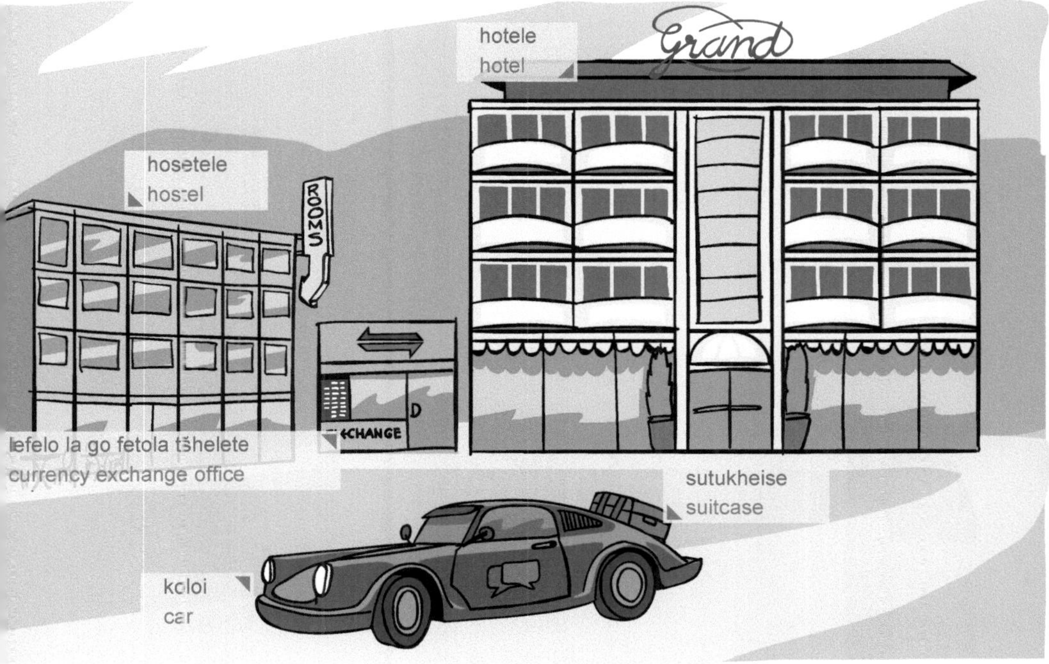

hotele
hotel

hosetele
hostel

ROOMS

lefelo la go fetola tšhelete
currency exchange office

EXCHANGE
D

sutukheise
suitcase

koloi
car

Leleme
language

ee / aowa
yes / no

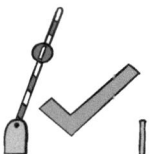

Go lokile
Okay

Dumela
hello

mofetoledi
translator

Re a leboga
Thank you

... ke bokae?

how much is...?

ga ke kwešiše

I don´t get it

bothata

problem

Thobela!

Good evening!

Meso e mebotse!

Good morning!

Robala botse!

Good night!

šala gabotse

goodbye

keletšo ya tsela

direction

peke

luggage

peke

bag

mokotla wa dipuku

backpack

moeng

guest

phapoši

room

pekana ya go robala

sleeping bag

mokhukhu

tent

boitsebišo bja moeti

tourist information

lewatleng

beach

karata ya mokitlana

credit card

dijo tša mesong

breakfast

matena

lunch

dijo tša mantšiboa

dinner

thikethe

Ticket

lifithi

elevator

setempe

stamp

border

border

setlwaedi

customs

embassy

embassy

visa

visa

phasepoto

passport

senamelwa
transport

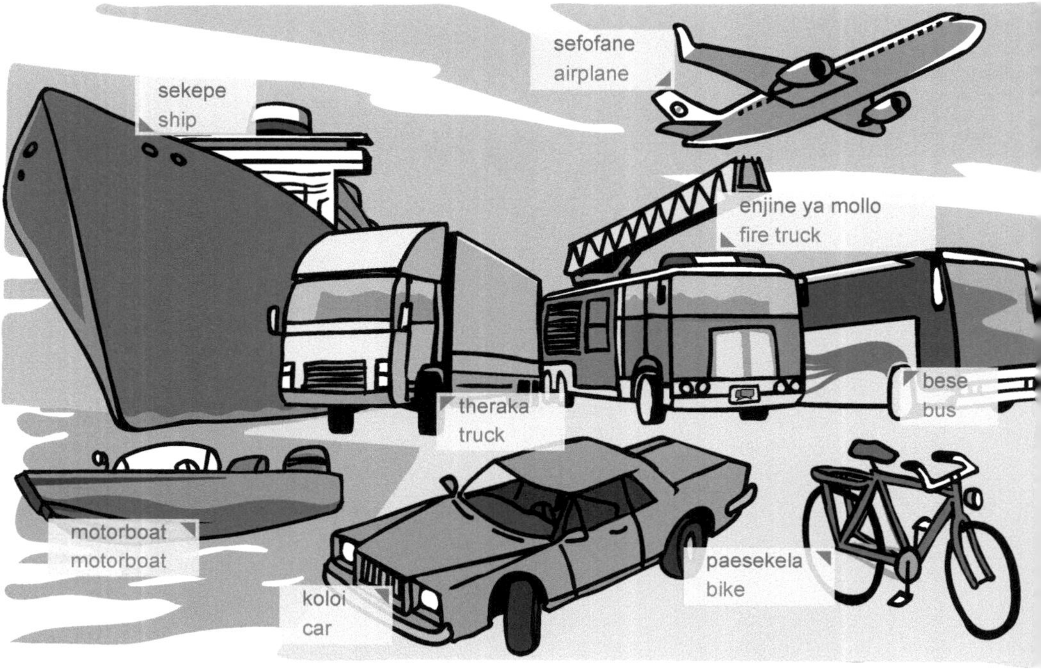

sefofane
airplane
sekepe
ship
enjine ya mollo
fire truck
bese
bus
theraka
truck
motorboat
motorboat
paesekela
bike
koloi
car

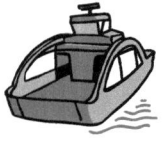

feri

ferry

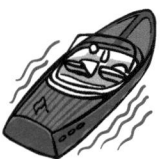

sekepe

boat

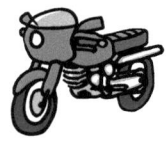

sethuthuthu

motorbike

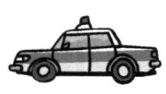

koloi ya maphodisa

police car

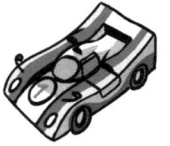

koloi ya go šiašiana

racing car

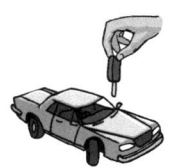

koloi ya go rentišwa

rental car

go arogana koloi

car sharing

theraka ya go goga

tow truck

theraka ya ditlakala

garbage truck

mmotho

engine

makhura

fuel

seteišene sa makhura

fuel station

leswao la therafiki

traffic sign

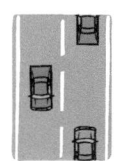

therafiki

traffic

therafiki

traffic jam

efelo la go phaka dikoloi

parking lot

seteišene sa terene

train station

tsela

tracks

terene

train

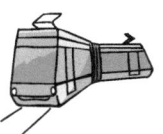

theramo

tram

koloi

wagon

sefofane

helicopter

boemafofane

airport

serokami

tower

monamedi

passenger

seswari

container

lepokisana

carton

khathe

cart

basket

basket

go tloga / go kwatama

take off / land

toropo
city

motse

village

bogareng bja toropo

city center

ntlo

house

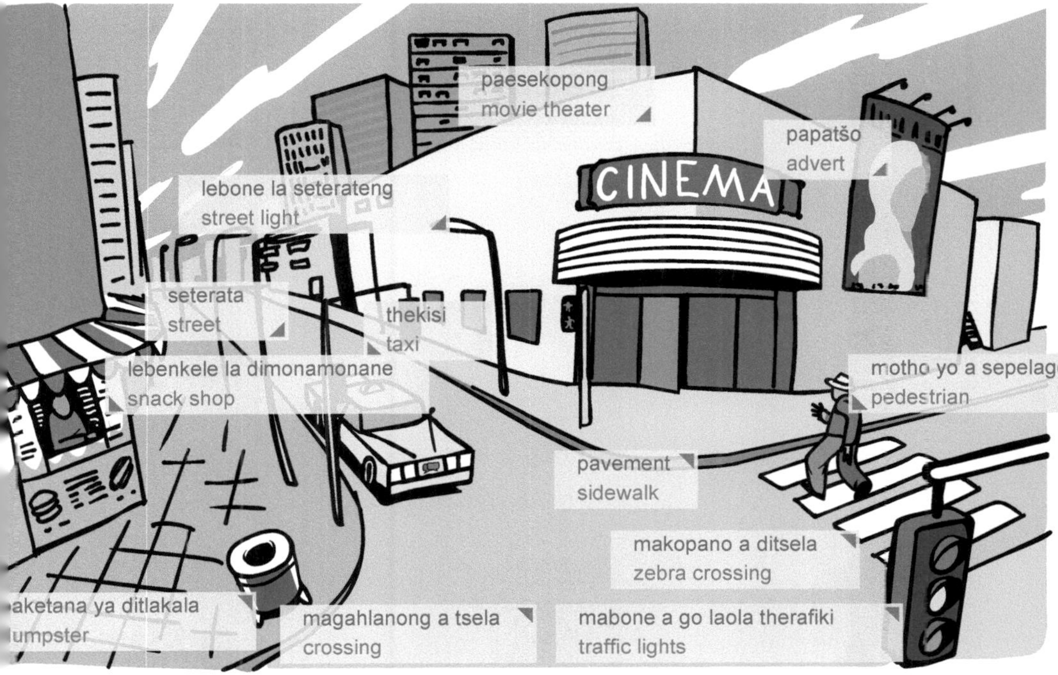

paesekopong
movie theater

papatšo
advert

lebone la seterateng
street light

seterata
street

thekisi
taxi

lebenkele la dimonamonane
snack shop

motho yo a sepelago
pedestrian

pavement
sidewalk

makopano a ditsela
zebra crossing

aketana ya ditlakala
umpster

magahlanong a tsela
crossing

mabone a go laola therafiki
traffic lights

mokutwana

hut

folete

apartment

seteišene sa terene

train station

holo ya toropong

city hall

museamo

museum

sekolo

school

yunibesithi

university

panka

bank

sepetlele

hospital

hotele

hotel

lebenkele la dihlare

pharmacy

ofisi

office

lebenkele la dipuku

book shop

lebenkele la dijo

shop

lebenkele la matšoba

flower shop

lebenkele la dihlare

supermarket

mmakete

market

lebenkele la dilo tše dintši

department store

fishmonger's

fishmonger's shop

lefelo la mabenkele

mall

boemakepe

harbor

phaka

park

bench

bench

leporogo

bridge

ditepisi

stairs

ka tlase

subway

thanele

tunnel

boemela pese

bus stop

bar

bar

lebenkele la dijo

restaurant

lepokisi la poso

postbox

leswao la seterata

street sign

mithara wa go phaka koloi

parking meter

zuu

zoo

letamo la go rutha

swimming pool

lefelo la mamoseleme

mosque

toropo - city

polasa

farm

tšhilafalo

pollution

mabitla

cemetery

kereke

church

lefelo la go bapala

playground

tempele

temple

lefelo la dithaba

landscape

letlakala
leaf

leswao la tsela
signpost

tsela
path

lefelo kgauswi le noka
meadow

letlapa
stone

mophara thaba
hiker

mohlare
tree

noka
river

bjang
grass

letšoba
flower

tsela

valley

thaba

hill

letangwana la meetsi

lake

sethokgwa

forest

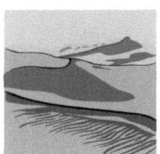

leganata

desert

thabamollo

volcano

ntlo e kgolo

castle

molalatladi

rainbow

mushroom

mushroom

palm tree

palm tree

monang

mosquito

fofa

fly

ditšhošwane

ant

nosi

bee

segokgo

spider

khunkhwane

beetle

segwagwa

frog

squirrel

squirrel

noko

hedgehog

mmutla

hare

leribiši

owl

nonyana

bird

mogolodi

swan

kolobe ya naga

boar

phuthi

deer

phuthi

moose

letamo

dam

wind turbine

wind turbine

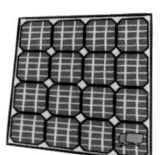

phanele ya solar

solar panel

leratadima

climate

lebenkele la dijo
restaurant

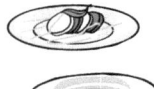

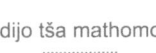

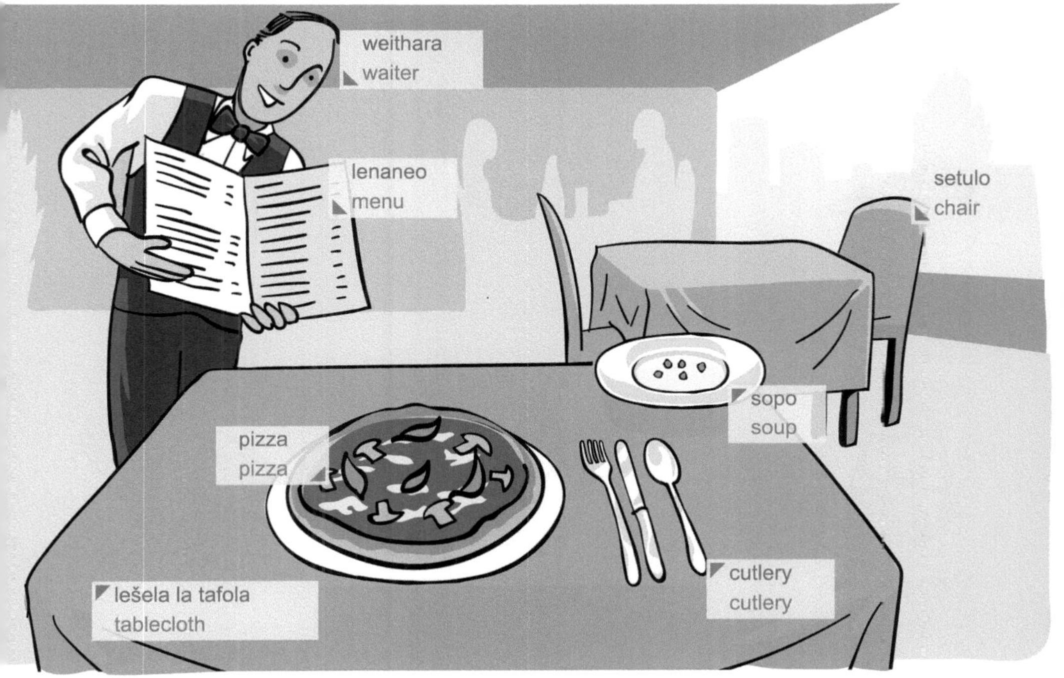
weithara
waiter
lenaneo
menu
setulo
chair
sopo
soup
pizza
pizza
cutlery
cutlery
lešela la tafola
tablecloth

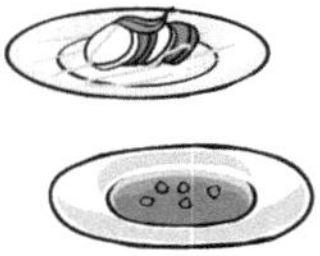

dijo tša mathomo
starter

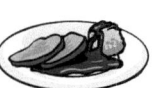

dijo
main course

dimonamonane
dessert

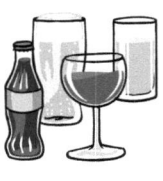

dino
drinks

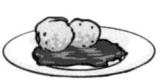

dijo
food

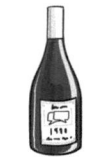

lepotlelo la ngwara
bottle

fastfood

fast food

dijo tša seterateng

street food

ketlele ya tea

teapot

poleitana swikiri

sugar bowl

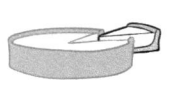

karolo

portion

motšhene wa espresso

espresso machine

setulo sa godimo

high chair

tefo

bill

therei

tray

thipa

knife

foroko

fork

lelepola

spoon

lelepola

teaspoon

lešela la go iphomola

serviette

galase

glass

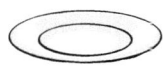

poleite

plate

poleite ya sopo

soup plate

sosara

saucer

moroto

sauce

poto ya letswai

salt shaker

sešila phepʼa

pepper mill

vinegar

vinegar

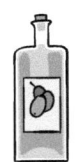

makhura

oil

sepaese

spices

tamatisoso

ketchup

masetete

mustard

mayonnaise

mayonnaise

lebenkele la dihlare
supermarket

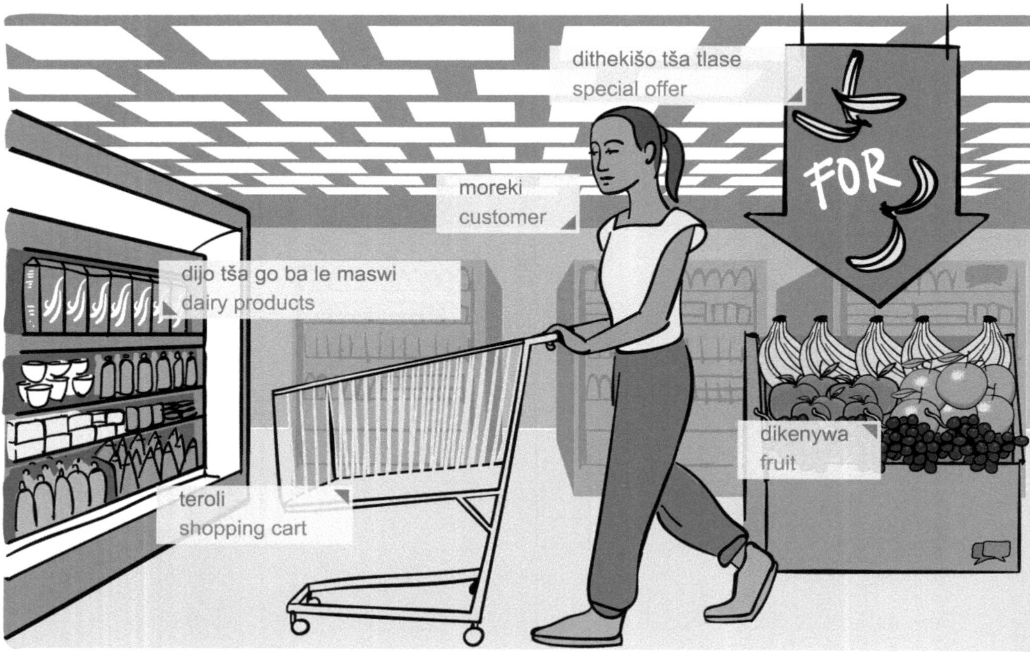

dithekišo tša tlase
special offer
FOR
moreki
customer
dijo tša go ba le maswi
dairy products
dikenywa
fruit
teroli
shopping cart

BUTCHERS

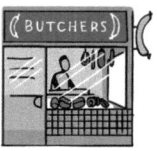

selaga

butcher's shop

BAKERY

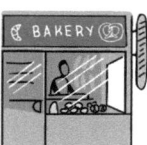

moapei wa dikuku

bakery

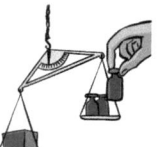

kala

weigh

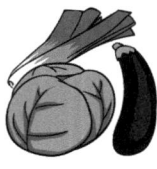

merogo

vegetables

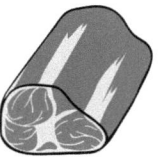

nama

meat

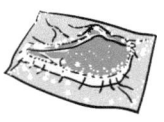

dijo tše gahlišitšwego

frozen food

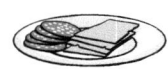

nama ya go tonya

cold cuts

tinned food

canned food

sešepi sa go hlatswa

detergent

dimonamonane

candy

dilo tša ka ntlong

household products

didirišwa tša go hlwekiša

cleaning products

morekiši

sales representative

till

cash register

morekiši

cashier

enaneo la tše rekišwago

shopping list

diiri tša go bula

opening hours

sepatšhe

wallet

karata ya mokitlana

credit card

peke

bag

peke ya polasetiki

plastic bag

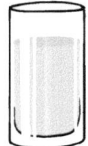

meetsi

water

Juice

juice

maswi

milk

coke

coke

beine

wine

bhiri

beer

bjala

alcohol

cocoa

cocoa

tea

tea

kofi

coffee

espresso

espresso

cappuccino

cappuccino

banana

banana

apola

apple

namome

orange

melon

melon

namone

lemon

carrot

carrot

garlic

garlic

bamboo

bamboo

keiye

onion

mushroom

mushroom

ditokomane

nuts

noodles

noodles

spaghetti

spaghetti

raese

rice

salate

salad

ditšhipisi

fries

matapola a gadikilwego

fried potatoes

pizza

pizza

hambeka

hamburger

sandwich

sandwich

cutlet

escalope

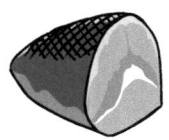

ham

ham

salami

salami

sausage

sausage

kgogo

chicken

gadika

roast

hlaphi

fish

bogobe bja oats

porridge oats

muesli

muesli

cornflakes

cornflakes

folouro

flour

croissant

croissant

dipanse

bread rol

borotho

bread

toaster

toast

dipisikiti

cookies

botoro

butter

curd

curd

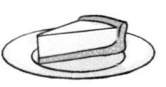

kuku

cake

lee

egg

lee le gadikilwego

fried egg

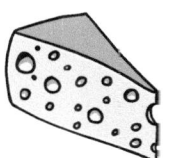

tshese

cheese

dijo - food

ice cream
ice cream

swikiri
sugar

todi ya dinosi
honey

jeme
jelly

chocolate spread
nougat cream

curry
curry

polasa
farm

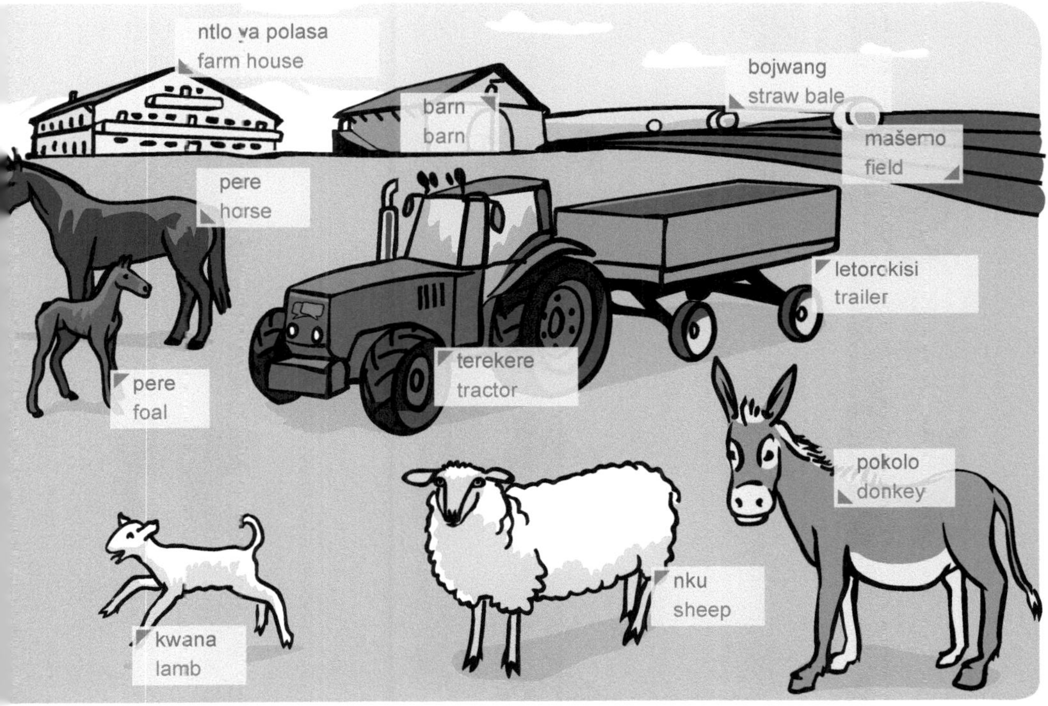

ntlo ya polasa
farm house
barn
barn
bojwang
straw bale
mašemo
field
pere
horse
letorokisi
trailer
pere
foal
terekere
tractor
pokolo
donkey
nku
sheep
kwana
lamb

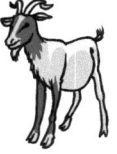

pudi

goat

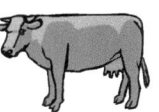

kgomu

cow

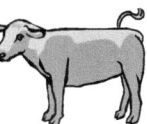

namane

calf

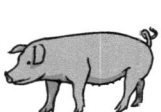

kolobe

pig

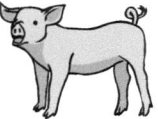

kolobjana

piglet

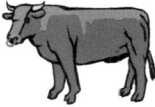

poo

bull

leganse

goose

leganse

duck

letswienyane

chick

kgogo

hen

mokoko

cockerel

legotlo

rat

katse

cat

legotlo

mouse

pholo

ox

mpša

dog

ntlwana ya mpša

dog house

lethompo la seratswana

garden hose

khene ya meetse

watering can

peke

scythe

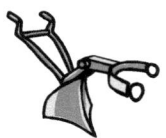

megoma ya terekere

plow

sekele

sickle

mogoma

hoe

foroko

pitchfork

selepe

axe

kiribai

pushcart

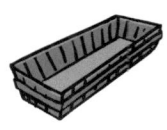

letangwana la meetsi

trough

khene ya maswi

milk can

lesaka

sack

fense

fence

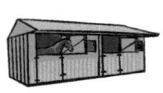

stable

stable

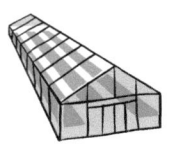

ntlwana ya galase ya dihlare

greenhouse

mobu

soil

peu

seed

manyora

fertilizer

motšhene wa go buna

combine harvester

buna

harvest

buna

harvest

tse monate

yams

korong

wheat

soy

soya

letapola

potato

korong

corn

rapeseed

rapeseed

mohlare wa dikenywa

fruit tree

cassava

manioc

disereale

grain

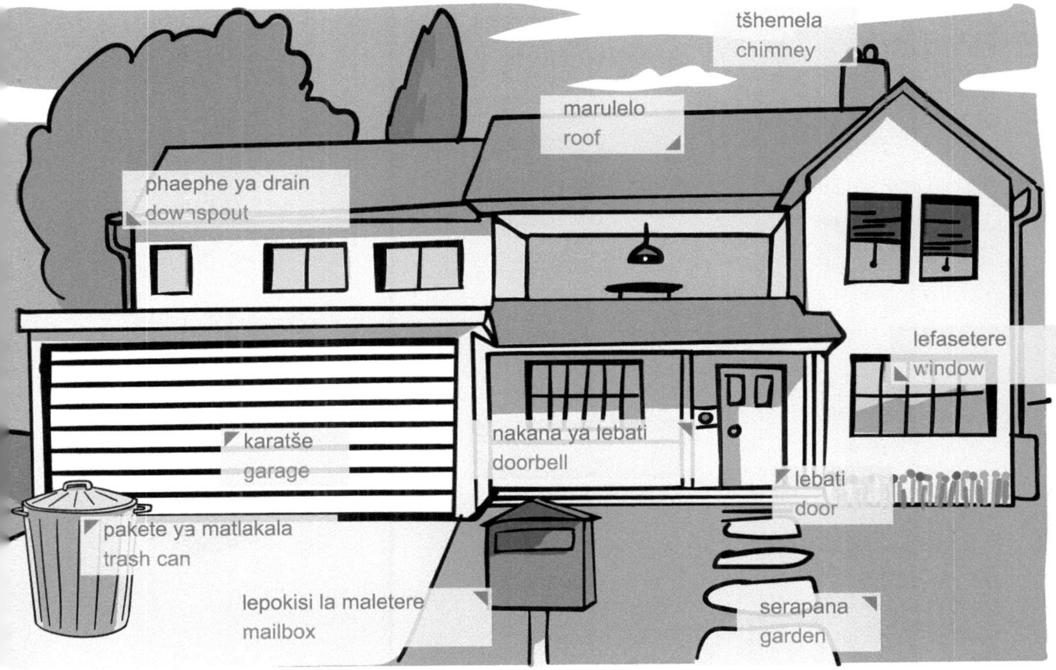

tšhemela
chimney

marulelo
roof

phaephe ya drain
downspout

lefasetere
window

karatše
garage

nakana ya lebati
doorbell

lebati
door

pakete ya matlakala
trash can

lepokisi la maletere
mailbox

serapana
garden

phapoši ya go dula

living room

kamora ya go hlapela

bathroom

boapeelo

kitchen

phapoši ya go robala

bedroom

phapoši ya bana

kids room

lefelo la boiketlo

dining room

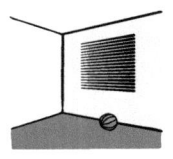

fase
floor

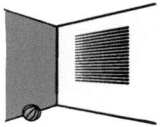

lebota
wall

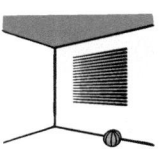

siling
ceiling

cellar
cellar

sauna
sauna

letsikangope
balcony

lelapa
terrace

letamo la go rutha
pool

motšhene wa go sega bjang
lawn mower

lešela la go iphomola
sheet

lešela la mpeto
bedspread

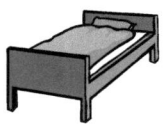

mpeto
bed

leswielo
broom

pakete
bucket

pholaka
switch

phapoši ya go dula
living room

senepe sa sedirišwa
wallpaper
senepe
picture
lebone
lamp
shelofe
shelf
khaboto
cabinet
thelebišene
television
lefelo la mollo
fireplace
letšoba
flower
kobo
cushion
sofa
sofa
vase
vase
remote control
remote control

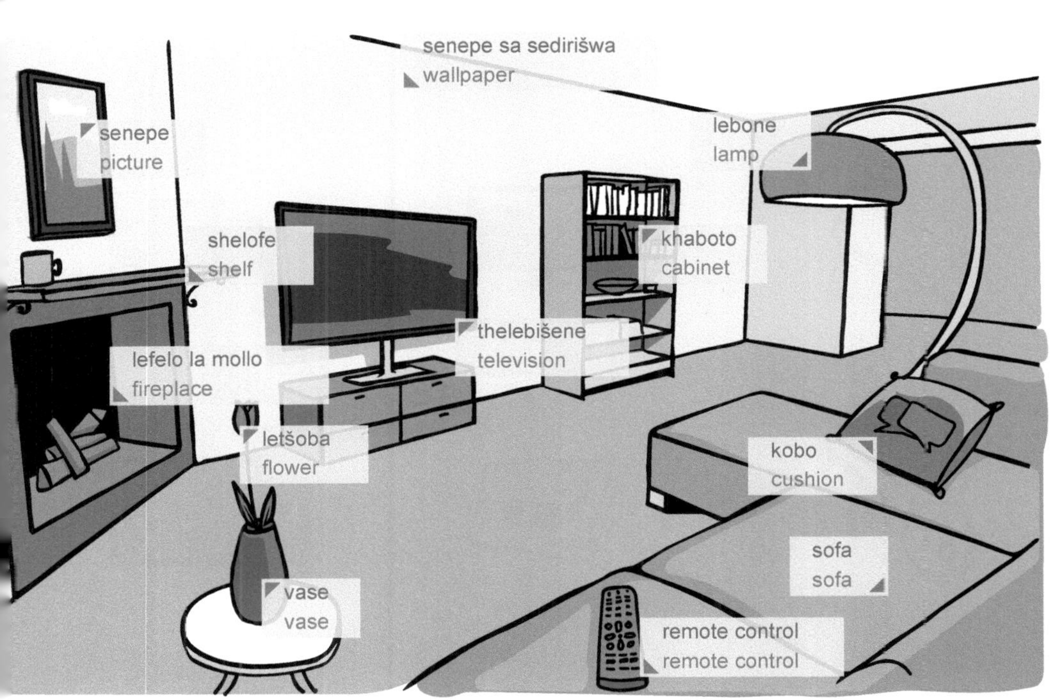

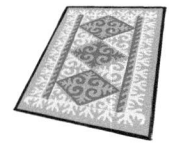

khaphete

carpet

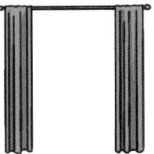

garetene

drape

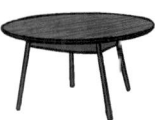

tafola

table

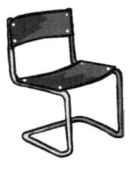

setulo

chair

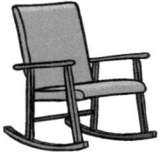

rocking chair

rocking chair

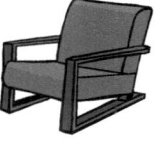

armchair

armchair

buka

book

kobo

blanket

bokgabišo

decoration

dikota tša mollo

firewood

filimi

film

sedirišwa sa hi-fi

stereo system

senotlelo

key

kuranta

newspaper

go penta

painting

phouseta

poster

radio

radio

pukwana ya go ngwala

notebook

motšhene wa go hlwekiša

vacuum cleaner

mohlašana wa cactus

cactus

kerese

candle

boapeelo
kitchen

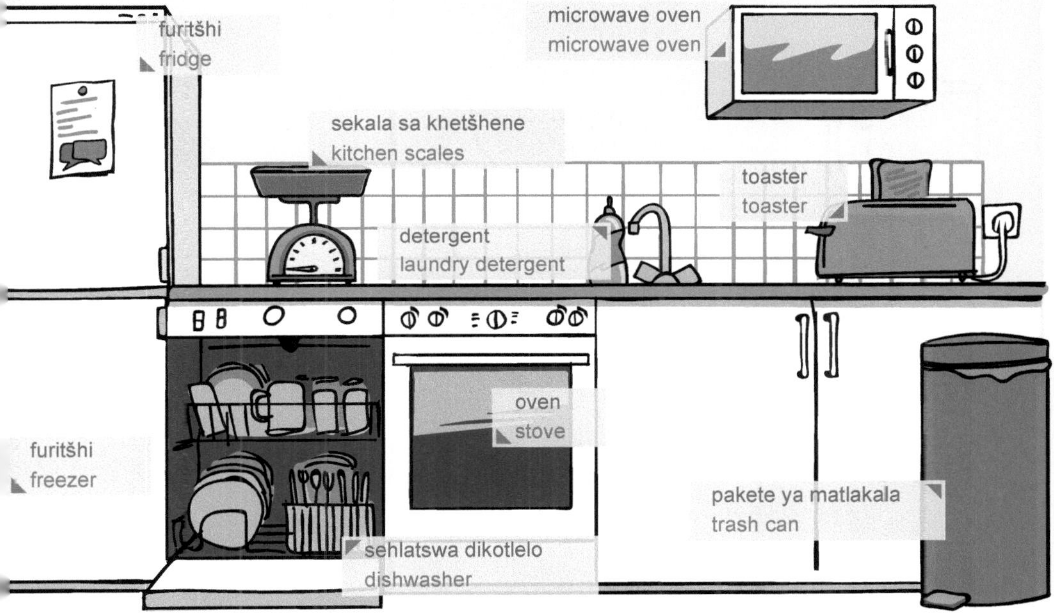

furitšhi
fridge
microwave oven
microwave oven
sekala sa khetšhene
kitchen scales
toaster
toaster
detergent
laundry detergent
oven
stove
furitšhi
freezer
pakete ya matlakala
trash can
sehlatswa dikotlelo
dishwasher

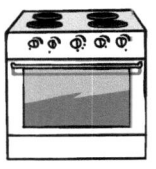

moapei
cooker

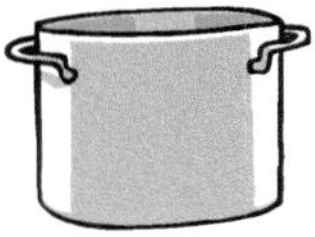
pitša
pot

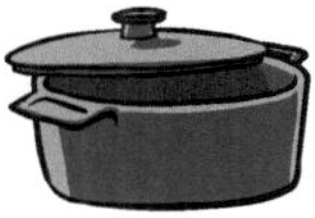
cast-iron pot
cast-iron pot

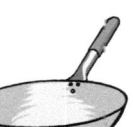

wok / kadai
wok / kadai

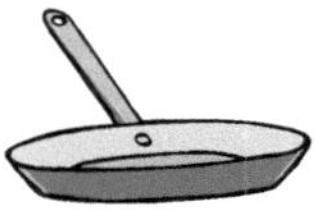
pane
pan

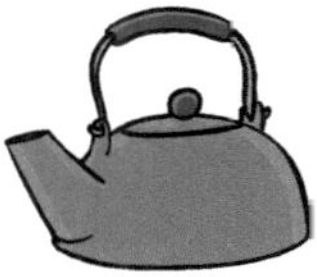
ketlele
kettle

steamer

steamer

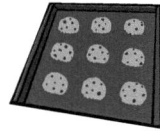

therei ya go paka

baking tray

dikotlelo

crockery

komiki

mug

mogopo

bowl

diphathana tša go ja

chopsticks

lelepola la ladle

ladle

spatula

spatula

whisk

whisk

strainer

strainer

sefo

sieve

kereitara

grater

mortar

mortar

barbecue

barbecue

thuntšha

fireplace

boto ya dijo

chopping board

rolling pin

rolling pin

sebula lepotlelo

corkscrew

khene

can

sebula khene

can opener

seswara dipoto

oven cloth

sinki

sink

borashe

brush

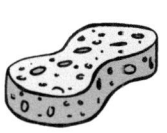

sepontše

sponge

sehlakanyi

blender

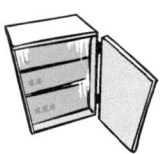

freezer

deep freezer

lepotlelo la ngwana

baby bott e

pompi

tap

kamora ya go hlapela

bathroom

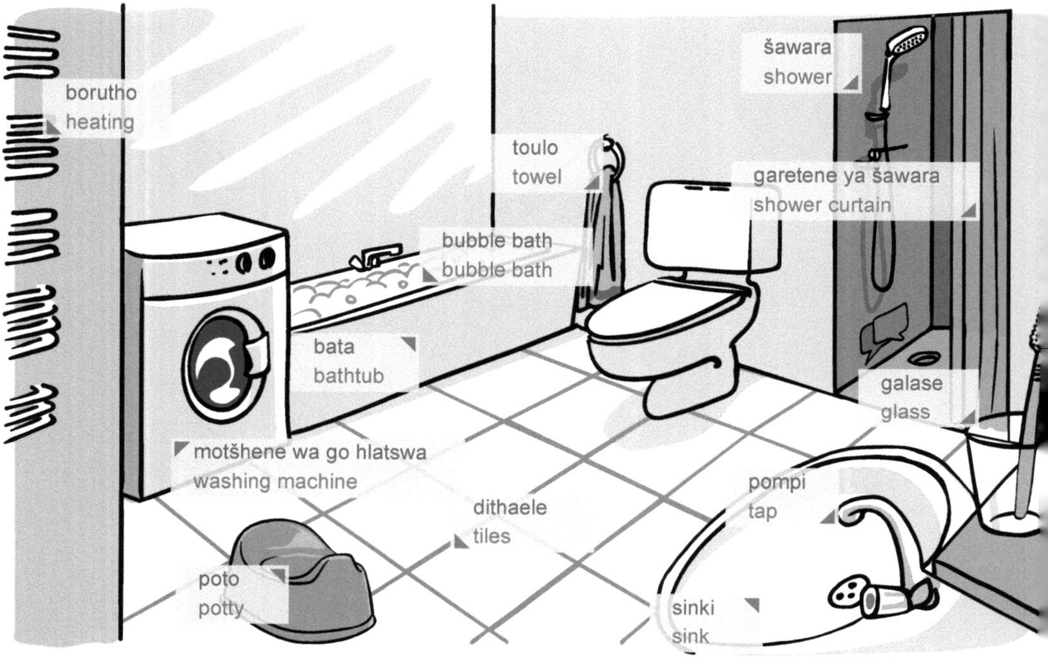

borutho
heating
šawara
shower
toulo
towel
garetene ya šawara
shower curtain
bubble bath
bubble bath
bata
bathtub
galase
glass
motšhene wa go hlatswa
washing machine
pompi
tap
dithaele
tiles
poto
potty
sinki
sink

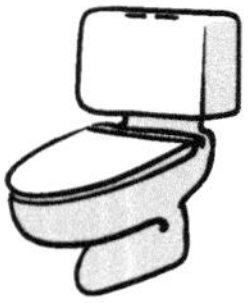

ntlwana

toilet

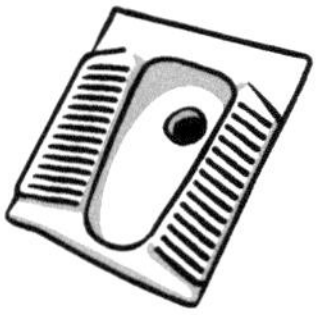

ntlwana ya ho tshorama

squat toilet

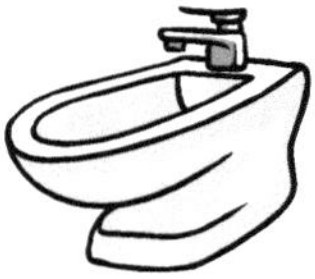

bidet

bidet

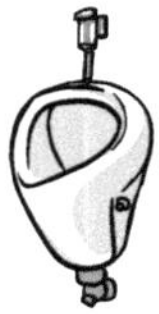

moroto

urinal

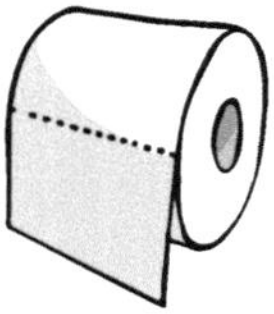

pampiri ya ntlwana

toilet paper

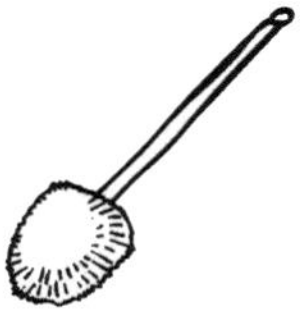

borašе ya ntlwana

toilet brush

boraše ya ho hlapa meno

toothbrush

sešepi sa meno

toothpaste

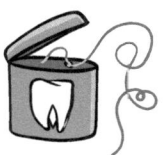

floss ya meno

dental floss

hlatswa

wash

shawara ya go swarwa ka matsogo

hand shower

douche

douche

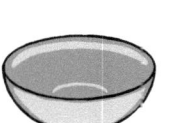

basin

basin

back brush

back brush

sešepi

soap

sešepi sa ka šawareng

shower gel

shampoo

shampoo

folene

flannel

drain

drain

sa go tlola

creme

senkgiša bose

deodorart

seipone

mirror

sepili se senyenyane

hand mirror

legare

razor

shaving foam

shaving foam

aftershave

aftershave

kamo

comb

boraše

brush

derayara ya moriri

hair-dryer

setlola sa moriri

hairspray

makeup

makeup

setlola sa molomo

lipstick

varnish ya manala

nail varnish

wulu

cotton wool

sekero sa dinala

nail scissors

phefumo

perfume

pekana ya tša go hlapa

washbag

setulo

stool

sekala

weighing scales

toulwana ya go hlapa

bathrobe

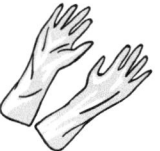

ditlelafo tša rabara

rubber gloves

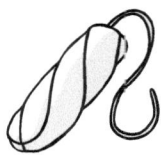

tampon

tampon

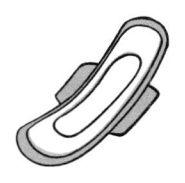

toulo ya go phumula matsogo

sanitary towel

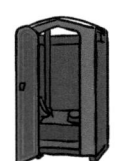

ntlwana ya dikhemikhale

chemical toilet

phapoši ya bana

kids room

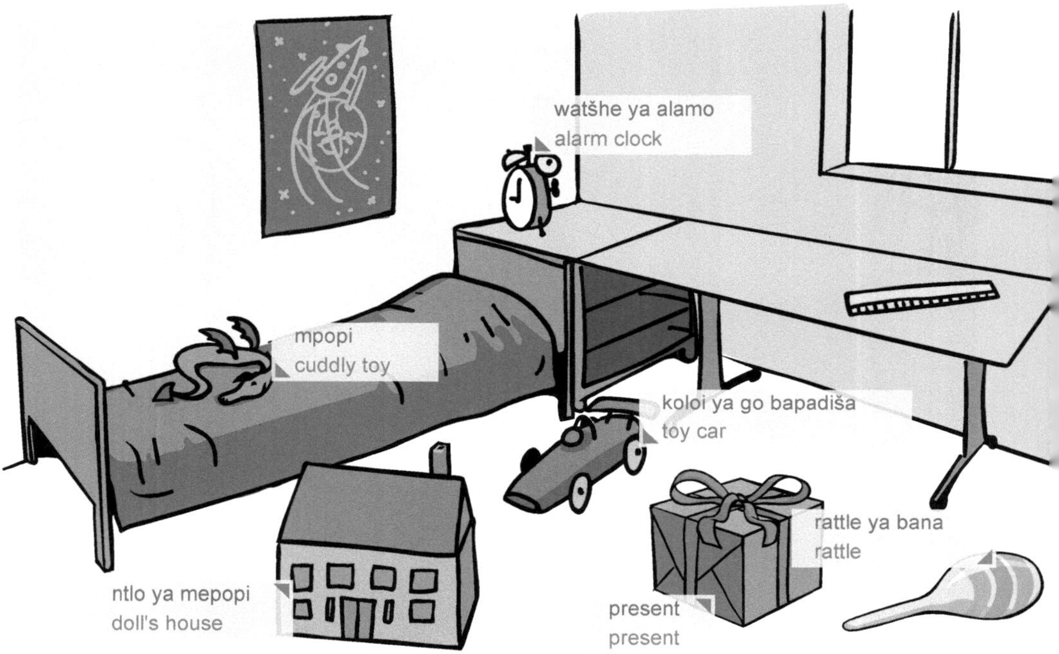

watšhe ya alamo
alarm clock
mpopi
cuddly toy
koloi ya go bapadiša
toy car
rattle ya bana
rattle
ntlo ya mepopi
doll's house
present
present

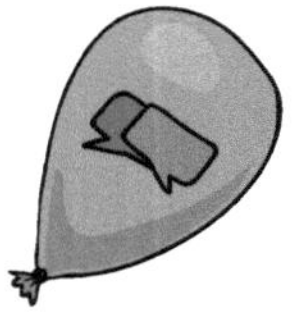

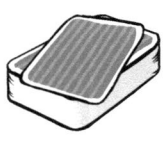

baluni

balloon

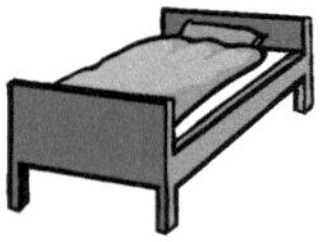

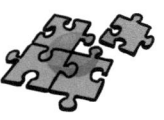

mpeto

bed

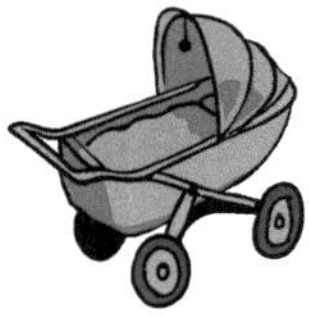

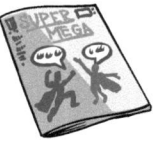

phorema

stroller

dikarata

deck of cards

papadi ya jigsaw

jigsaw

metlae

comic

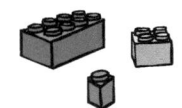

papadi ya lego bricks

lego bricks

papadi ya building blocks

toy blocks

action figure

action figure

go gola ga ngwana

romper suit

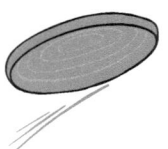

papadi ya Frisbee

frisbee

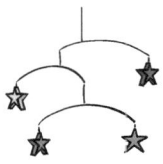

mobile

mobile

papadi ya botɔ

board game

letaese

dice

model train set

model train set

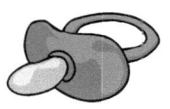

tami

pacifier

phathi

party

puku ya dinǝpe

picture book

kgwele

ball

mpopi

doll

bapala

play

sandpit

sandpit

swing

swing

tša go bapadiša

toys

sediriŝwa sa dipapadi tša bidio

video game console

paesekele ya bana

tricycle

teddy bear

teddy bear

oteropo

wardrobe

diaparo
clothing

masokisi

socks

masokisi

stockings

pentihouso

tights

sekhafo
scarf

lepanta
belt

amporela
umbrella

sekhipha
t-shirt

diputsu
boots

deselephara
slippers

diteki
sneakers

ramphešane
....
sandals

dieta
....
shoes

diputsu tša rabara
....
rubber boots

borokgwana bja ka fase
....
underwear

seaparo sa bra
....
bra

besete
....
undershirt

diaparo - clothing

45

mmele

body

marokgo

pants

pokathe

jeans

sekhethe

skirt

seaparo sa blouse

blouse

hempe

shirt

jase

pullover

jase

sweater

seaparo sa blazer

blazer

baki

jacket

jase

coat

jase ya pula

raincoat

khosetumo

costume

roko

dress

lešira

wedding dress

sutu

suit

seaparo sa go robala

nightgown

dipejama

pajamas

sari

sari

sekafo

headscarf

turban

turban

seaparo sa burqa

burka

roko ya kaftan

kaftan

abaya

abaya

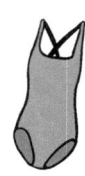

seaparo sa go rutha

swimsuit

diteranka

trunks

marukgwana a manyenyane

shorts

terekesutu

tracksuit

apron

apron

ditlelafo

gloves

konope

button

digalase

glasses

boreiselete

bracelet

nekeleise

necklace

palamonwana

ring

lengena

earring

kepisi

cap

hengere ya jase

coat hanger

kefa

hat

thai

tie

zip

zip

helmete

helmet

braces

braces

diaparo tša sekolo

school uniform

unifomo

uniform

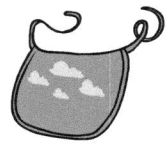

seaparo sa bib

bib

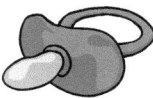

tami

pacifier

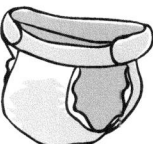

mongato

diaper

ofisi

office

sebara
server
lekase la difaele
filing cabinet
phrinthara
printer
letlakala
paper
monitharaw
monitor
mouse
mouse
tafola
desk
foldara
folder
keybhoto
keyboard
ete ya matlakala a ditšhila
paper basket
setulo
chair
khomphutha
computer

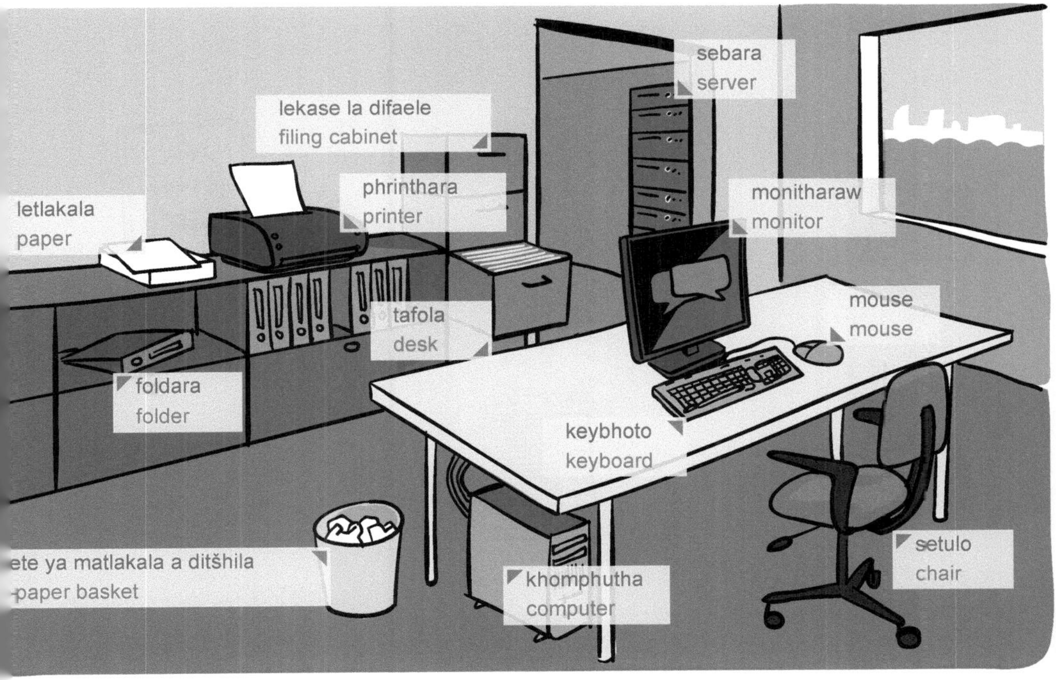

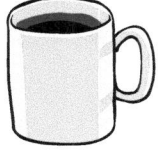

komiki ya kofi

coffee mug

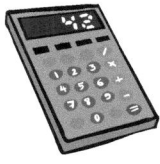

khalekhuleitha

calculator

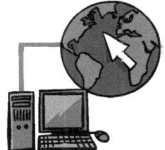

inthanete

internet

laptop

laptop

lengwalo

letter

molaetša

message

mogalathekeng

cell phone

netweke

network

motšhene wa go photokhopa

photocopier

software

software

mogala

telephone

pholaka ya sokete

plug socket

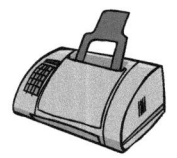

motšhine wa go fekesa

fax machine

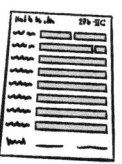

fomo

form

dipampiri

document

ofisi - office

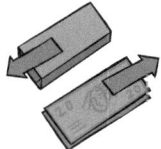

reka
....
buy

lefa
....
pay

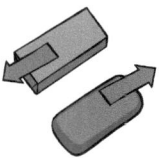

rekiša
....
trade

tšhelete
....
money

dollar
....
dollar

euro
....
euro

yen
....
yen

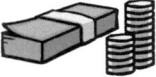

rouble
....
rouble

Swiss franc
....
Swiss franc

renminbi yuan
....
renminbi yuan

rupee
....
rupee

lefelo la go ntšha tšhelete
....
cash point

lefelo la go fetola tšhelete

currency exchange office

gauta

gold

silifera

silver

oil

oil

matla

energy

poraese

price

konteraka

contract

motšhelo

tax

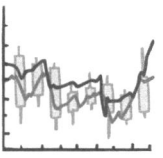

setokho

stock

mošomo

work

mošomi

employee

mothwadi

employer

feketori

factory

lebenkele la dijo

shop

lephodisa
police officer

setimamollo
fireman

apea
cook

ngaka
doctor

mofofiši wa difofane
pilot

mohlokomedi wa dirapana
gardener

mmetli
carpenter

moroki
seamstress

moahlodi
judge

khemise
chemist

mmapadi
actor

mootledi wa pase

bus driver

mootledi wa thekisi

taxi driver

moswara dihlapi

fisherman

mosadi wa go hlwekiša

cleaning lady

molokiša marulelo

roofer

weithara

waiter

motsomi

hunter

motho wa go penta

painter

mopaki

baker

electrician

electrician

moagi

builder

moenjeneare

engineer

selaga

butcher

polambara

plumber

mosepediši wa poso

postman

mohlabani

soldier

mothadi wa dintlo

architect

morekiši

cashier

molemi wa matšoba

florist

mologi wa moriri

hairdresser

molaodi

conductor

mekhenikhe

mechanic

mokapotene

captain

ngaka ya meno

dentist

rathutamahlale

scientist

moruti

rabbi

moetapele wa dithapelo

imam

monk

monk

moruti

pastor

didirišwa
tools

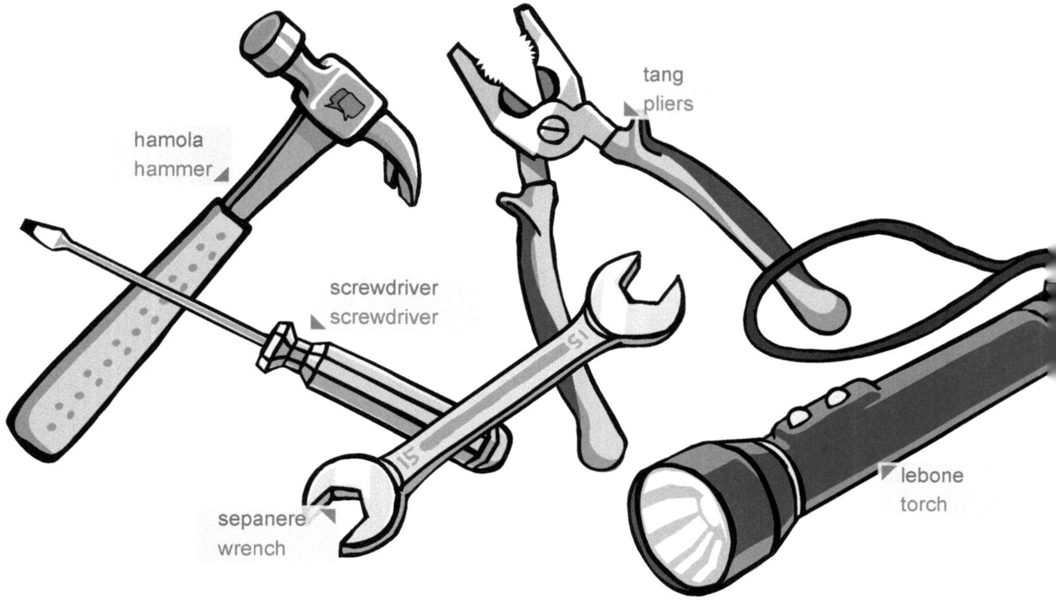

hamola
hammer
tang
pliers
screwdriver
screwdriver
sepanere
wrench
lebone
torch

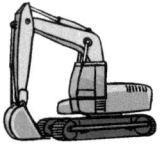

seepi

excavator

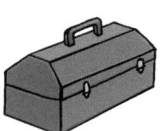

lepokisi la dithulusi

toolbox

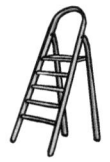

llere

ladder

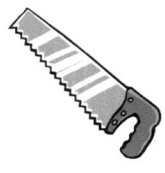

saga

saw

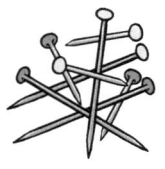

dipikiri

nails

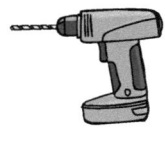

sebori

drill

lokiša

repair

garafo

shovel

ijoo!

Damn!

seolela matlakala

dustpan

pitša ya pente

paint can

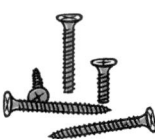

sekurufu

screws

didirišwa tša mmino
musical instruments

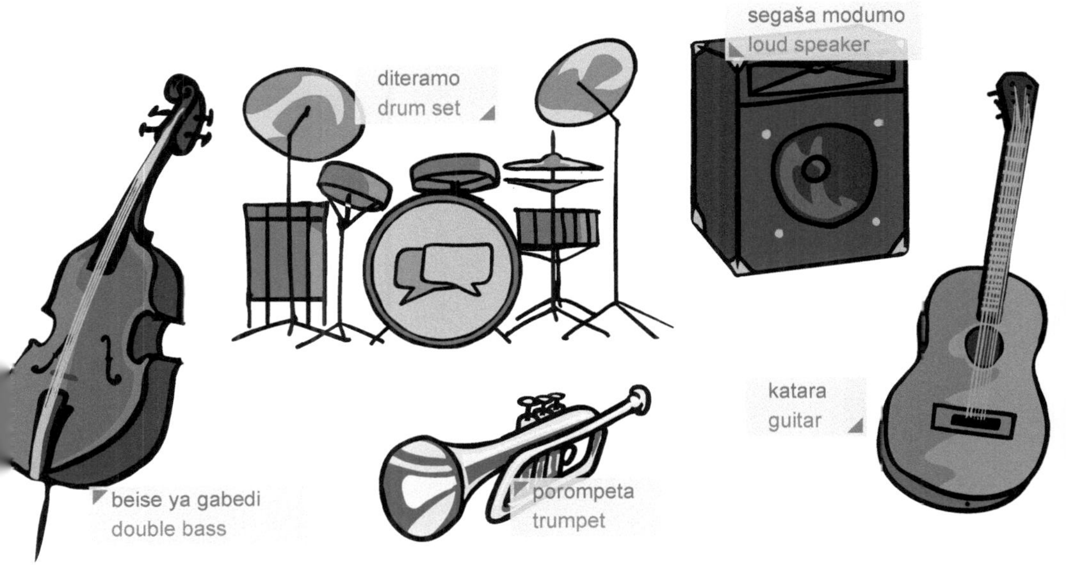

diteramo
drum set

segaša modumo
loud speaker

katara
guitar

beise ya gabedi
double bass

porompeta
trumpet

piano

piano

violin

violin

beise

bass

timpani

timpani

diteramo

drums

keybhoto

keyboard

saxophone

saxophone

phala

flute

mmaekrofouno

microphone

didirišwa tša mmino - musical instruments

zuu

zoo

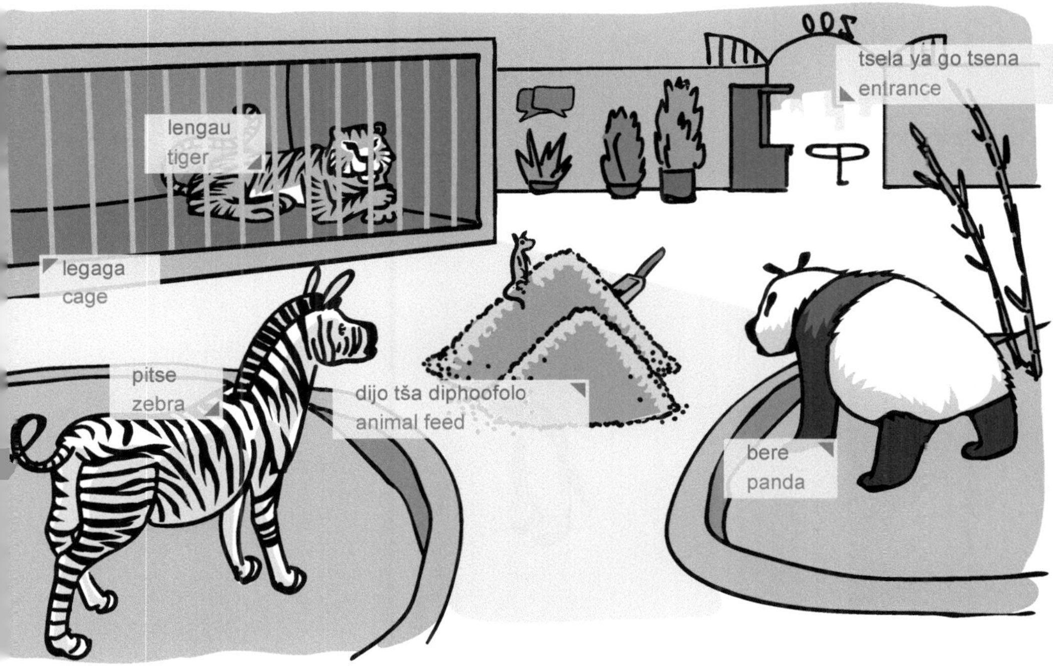
tsela ya go tsena
entrance
lengau
tiger
legaga
cage
pitse
zebra
dijo tša diphoofolo
animal feed
bere
panda

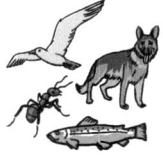

diphoofolo

animals

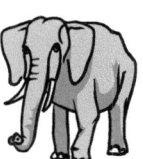

tlou

elephant

kangaroo

kangaroo

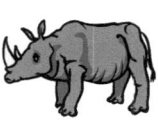

tšhukudu

rhino

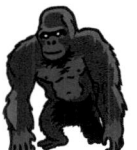

gorilla

gorilla

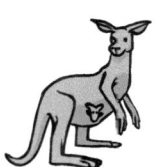

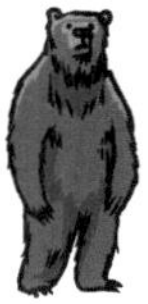

bere

bear

kamela

camel

mpšhe

ostrich

tau

lion

tšhwene

monkey

nonyana ya flamingo

flamingo

nonyana ya parrot

parrot

bere ya polar

polar bear

penguin

penguin

shark

shark

phikoko

peacock

noga

snake

kwena

crocodile

mohlokomedi wa di zoo

zookeeper

sili

seal

jaquar

jaguar

pokolo

pony

lepogo

leopard

hippo

hippo

thutlwa

giraffe

lenong

eagle

kolobe ya naga

boar

hlaphi

fish

khudu

turtle

walrus

walrus

phiri

fox

phuthi

gazelle

kgwele ya Amerika
American football

go reila paesekela
cycling

thenese
tennis

basketball
basketball

go rutha
swimming

hockey ya lehlweng
ice hockey

ntwa ya matswele
boxing

kgwele ya maoto
soccer

badminton
badminton

bakitimi
athletics

polo ya matsogo
handball

skiing
skiing

polo
polo

mediro
activities

sega
laugh
taboga
jump
gokara
hug
sepela
walk
opela
sing
lora
dream
rapela
pray
atla
kiss

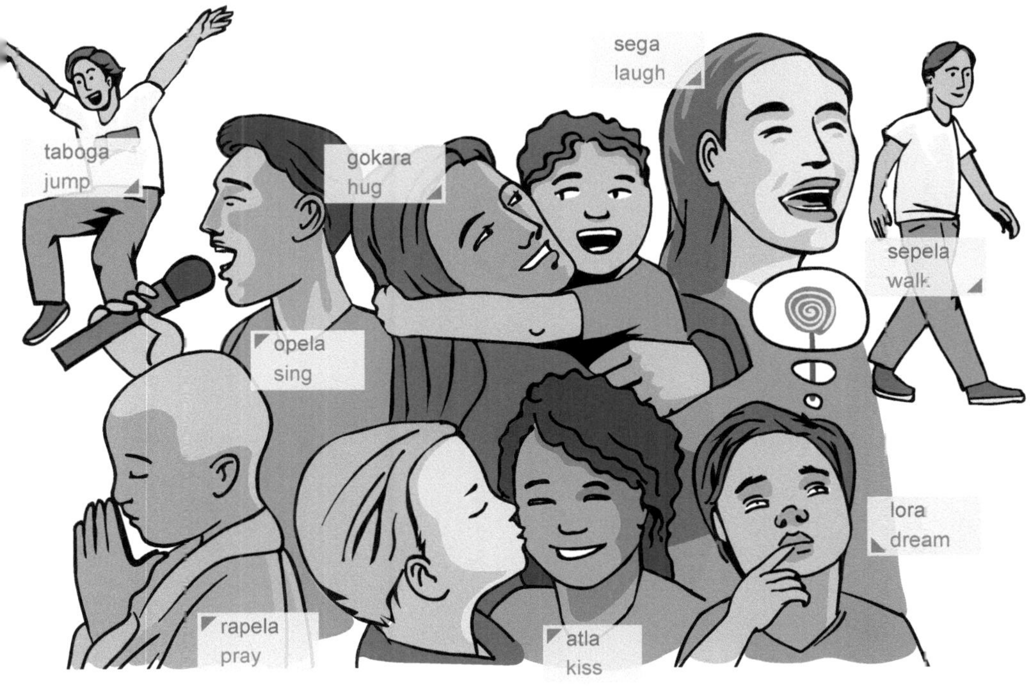

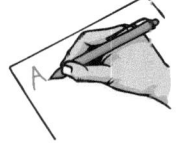

ngwala

write

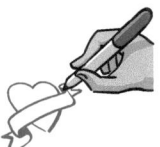

thala

draw

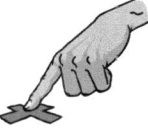

bontšha

show

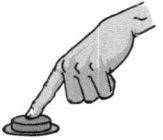

kgorometša

push

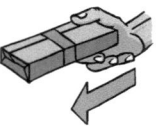

efa

give

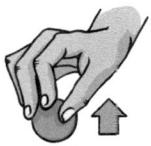

tšea

take

e ba le

have

dira

do

eba

be

ema

stand

kitima

run

goga

pull

lahlela

throw

e wa

fall

maaka

lie

emanyana

wait

rwala

carry

dula

sit

go apara

get dressed

robala

sleep

tsoga

wake up

lebelela

look at

lla

cry

seterouko

stroke

kamo

comb

bolela

talk

kwešiša

understand

botšiša

ask

theetša

listen

e nwa

drink

eja

eat

hlwekiša

tidy up

lerato

love

apea

cook

otlela

drive

fofa

fly

sesa

sail

khalekhuleitha

calculate

bala

read

ithute

learn

mošomo

work

nyala

marry

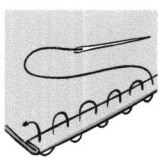

roka

sew

hlapa meno

brush teeth

bolaya

kill

kgoga

smoke

romela

send

lelapa
family

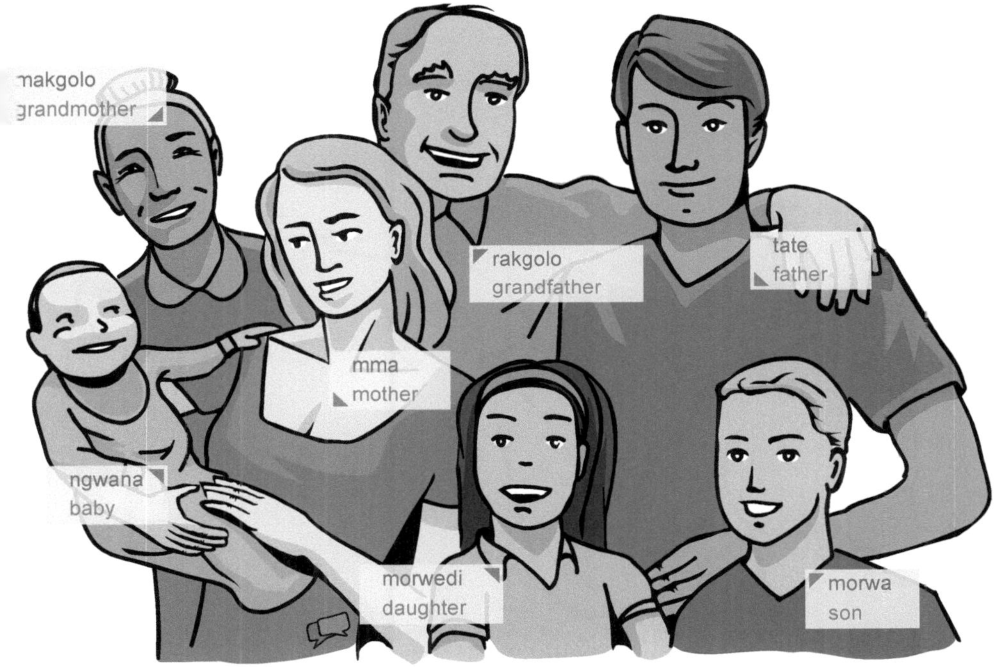
makgolo
grandmother
rakgolo
grandfather
tate
father
mma
mother
ngwana
baby
morwedi
daughter
morwa
son

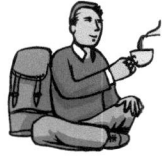

moeng

guest

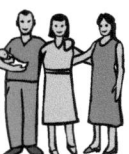

rakgadi

aunt

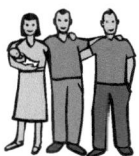

malome

uncle

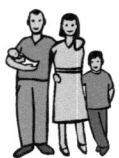

abuti

brother

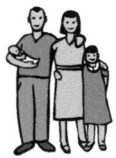

sesi

sister

mmele

body

phatla
forehead
leihlo
eye
magetla
shoulder
monwana
finger
sefahlego
face
seledu
chin
seatla
hand
leoto
leg
letswele
breast
letsogo
arm

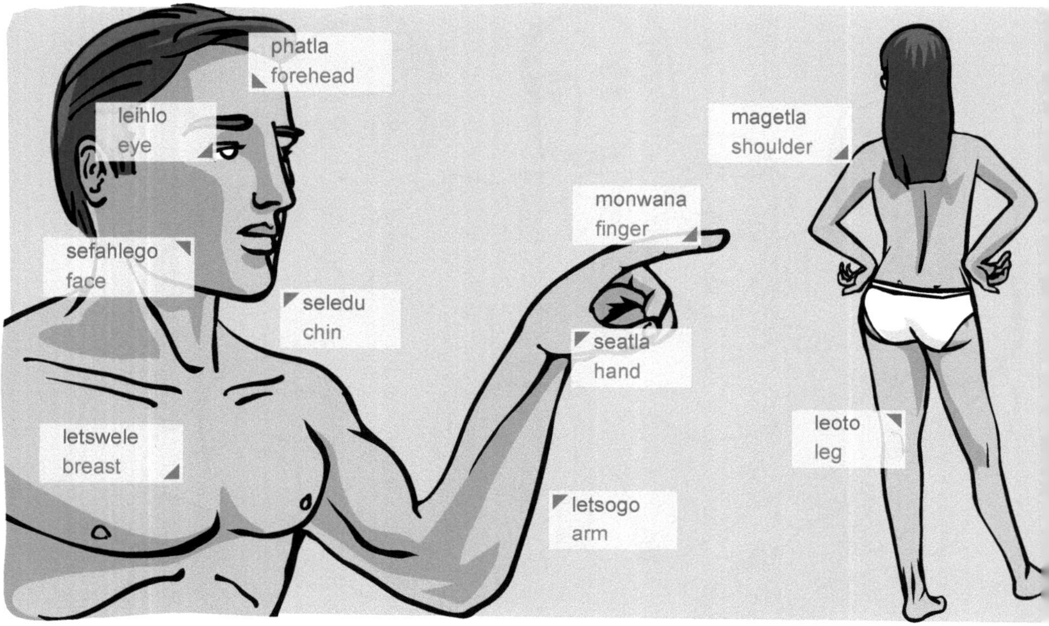

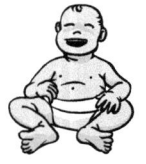

ngwana

baby

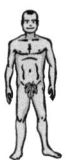

monna

man

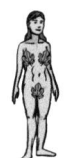

mosadi

woman

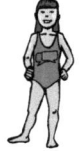

kgarebe

girl

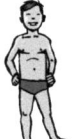

mošemane

boy

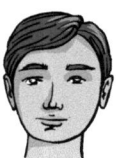

hlogo

head

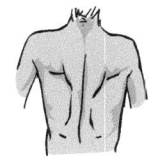

morago

back

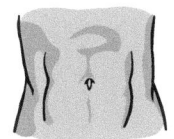

mokhaba

belly

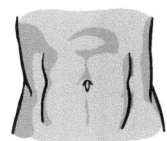

mokhubu

navel

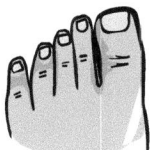

monwana

toe

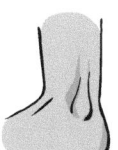

tlhako

heel

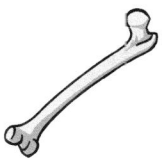

lerapo

bone

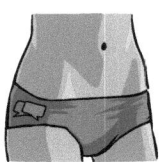

matheka

hip

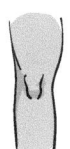

leoto

knee

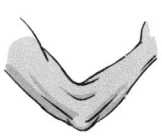

khuru

elbow

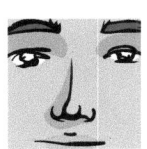

nko

nose

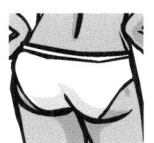

tlase

buttocks

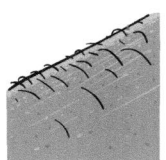

letlalo

skin

lerama

cheek

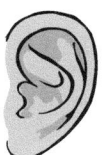

tsebe

ear

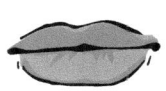

molomo

lip

mmele - body

molomo

mouth

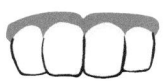

leino

tooth

Leleme

tongue

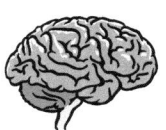

bjoko

brain

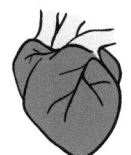

pelo

heart

segoba

muscle

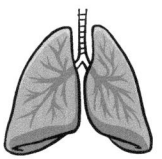

maswafo

lung

sebete

liver

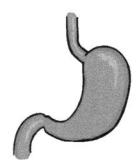

mala

stomach

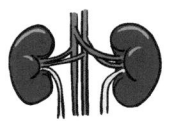

diphsio

kidneys

thobalano

sex

condom

condom

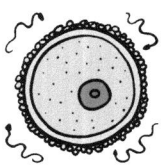

Ovum

ovum

matshedi

semen

go ima

pregnancy

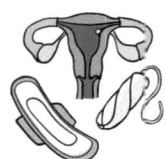

go bona kgwedi

menstruation

setho sa bosadi

vagina

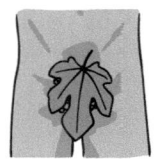

setho sa bonna

penis

dintši

eyebrow

moriri

hair

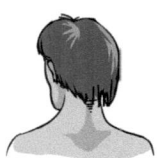

molala

neck

sepetlele
hospital

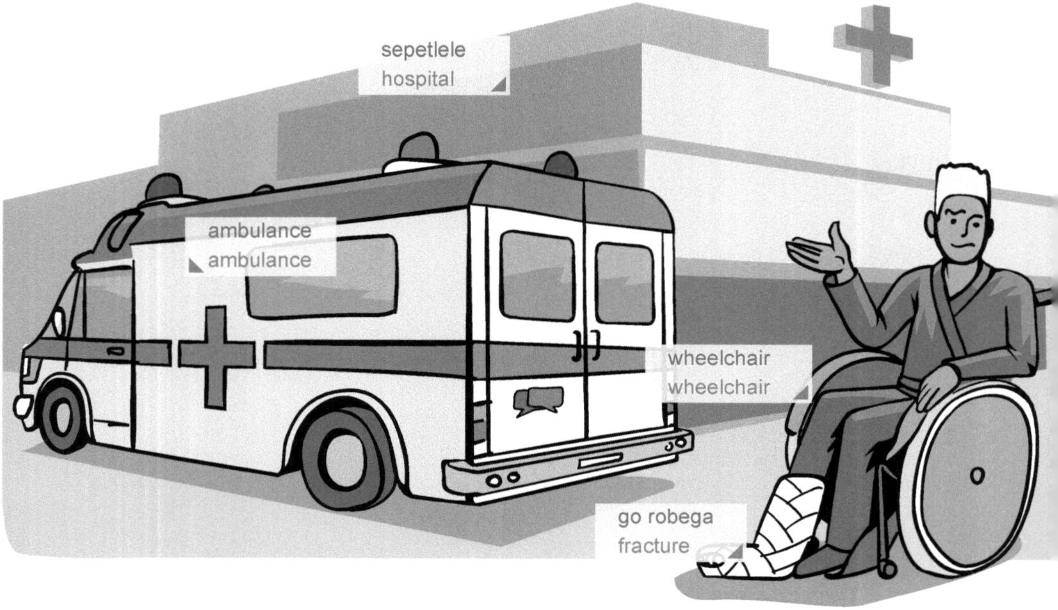

sepetlele
hospital
ambulance
ambulance
wheelchair
wheelchair
go robega
fracture

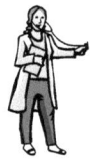

ngaka

doctor

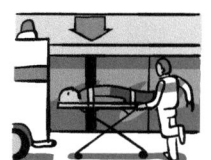

phapoši ya tša tšhoganetšo

emergency room

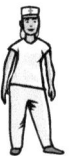

mooki

nurse

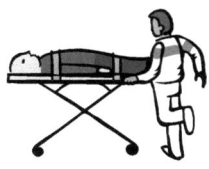

tšhoganetšo

emergency

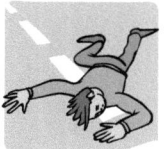

go idibala

unconscious

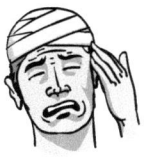

bohloko

pain

go gobala

injury

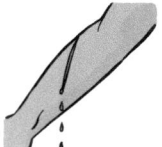

go tšwa madi

bleeding

bolwetši bja pelo

heart attack

setorouko

stroke

ge mmele o ganana le dijo

allergy

go gohlola

cough

go gohlola

fever

sehuba

flu

letšhollo

diarrhea

go opa ke hlogo

headache

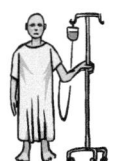

kankere

cancer

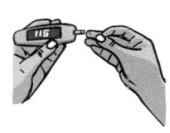

swikiri

diabetes

mmui

surgeon

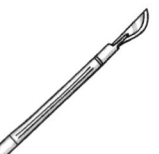

thipa ya scalpel

scalpel

go bulwa

operation

sepetlele - hospital

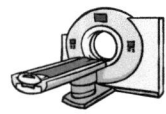

CT
CT

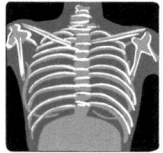

x-ray
x-ray

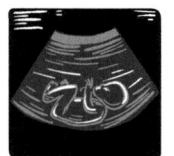

ultrasound
ultrasound

sethiba sefahlego
face mask

bolwetši
disease

phapoši ya go leta
waiting room

lehlotlo
crutch

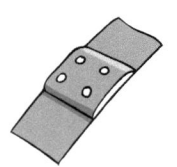

sedirišwa sa plaster
plaster

lešela la ntho
bandage

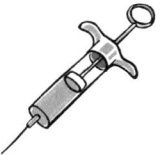

nalete
injection

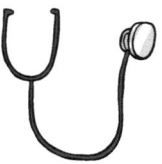

sthehosekoupo
stethoscope

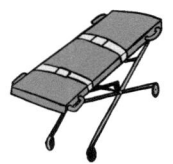

seteretšhara
stretcher

themoketha ya kgathelelo
clinical thermometer

go belebga
birth

mmele o mogolo
overweight

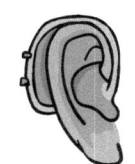

sethuša ditsebe

hearing aid

disinfectant

disinfectant

twatši

infection

baerase

virus

HIV / AIDS

HIV / AIDS

dihlare

medicine

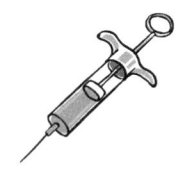

tlhabelo ya go thibela malwetši

vaccination

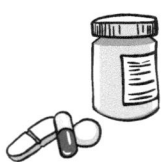

dipilisi

tablets

pilisi

pill

mogala wa tšhoganetšo

emergency call

sehlahlobi sa pelo

blood pressure monitor

go babja / phetše gabotse

ill / healthy

Thušo!

Help!

alamo

alarm

go tšhošetšwa

assault

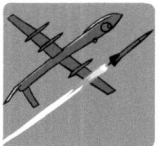

tlhaselo

attack

kotsi

danger

go tšwa ka tšhoganetšo

emergency exit

Mollo!

Fire!

setimamollo

fire extinguisher

kotsi

accident

first-aid kit

first-aid kit

SOS

SOS

maphodisa

police

Yuropa

Europe

Amerika Bodikela

North America

Amerika Borwa

South America

Afrika

Africa

Asia

Asia

Australia

Australia

Atlantic

Atlantic

Pacific

Pacific

Lewatle la India

Indian Ocean

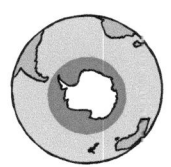

Lewatle la Antactic

Antarctic Ocean

Lewatle la Arctic

Arctic Ocean

North Pole

North pole

South Pole
....
South pole

Antarctica
....
Antarctica

Lefase
....
earth

naga
....
land

noka
....
sea

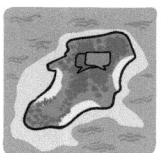

island
....
island

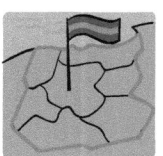

naga
....
nation

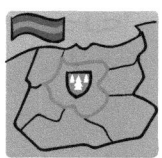

state
....
state

sešupanako sa dinomoro

clock face

diiri tša sešupanako

hour hand

metsotso ya sešupanako

minute hand

metsotswana ya
sešupanako
second hand

Ke nako mang?

What time is it?

letšatši

day

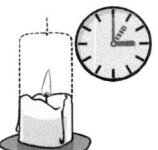

nako

time

gona bjale

now

sešupanako sa cinomoro

digital watch

metsotso

minute

iri

hour

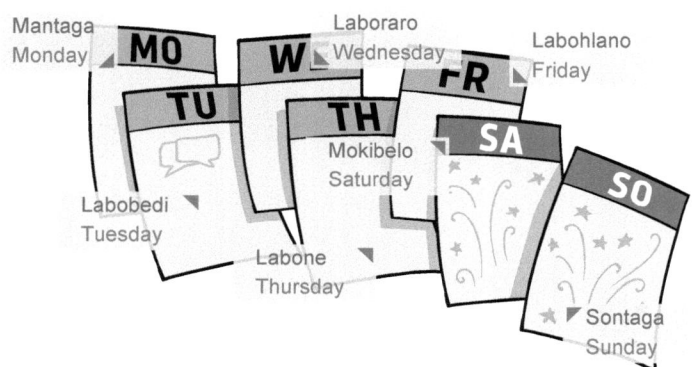

Mantaga / Monday — MO
Laboraro / Wednesday — W
Labohlano / Friday — FR
Labobedi / Tuesday — TU
Mokibelo / Saturday — TH / SA
Labone / Thursday
Sontaga / Sunday — SO

maobane

yesterday

lehono

today

ka moswana

tomorrow

mesong

morning

Thapama

noon

mantšiboa

evening

matšatši a kgwebo

workdays

mafelobeke

weekend

ngwaga

year

pula
rain
molalatladi
rainbow
phefo
wind
lehlwa
snow
seruthwane
spring
selemo
summer
lehlabula
fall
marega
winter

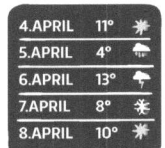

4.APRIL 11°
5.APRIL 4°
6.APRIL 13°
7.APRIL 8°
8.APRIL 10°

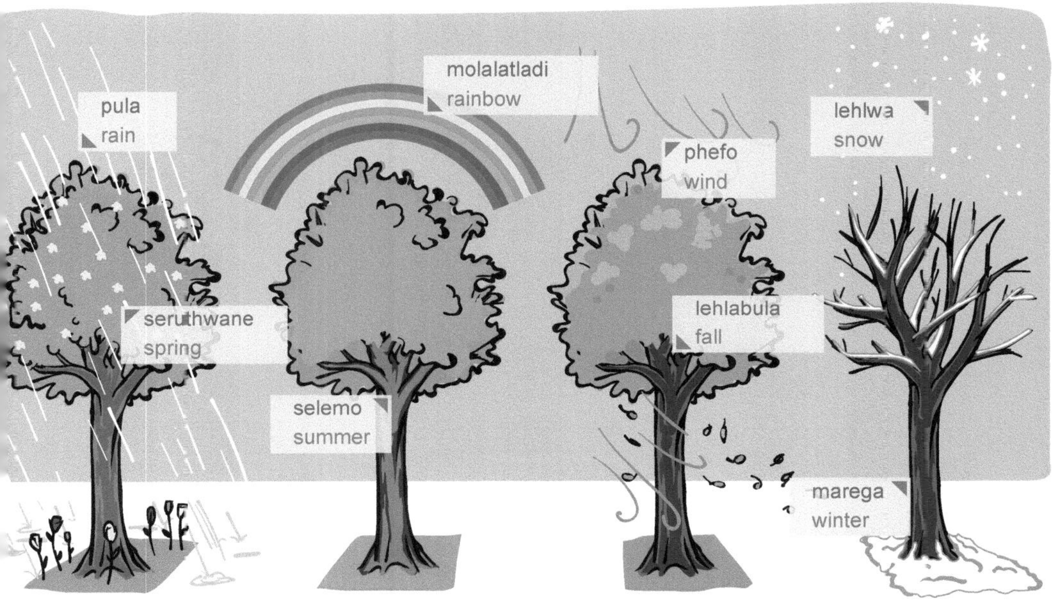

tsebišo ya leratadima

weather forecast

F
C
120
90
60
30
0
-30
40
30
20
10
0
-10
-20

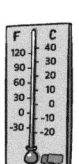

thermometer

thermometer

mahlasedi a letšatši

sunshine

maru

cloud

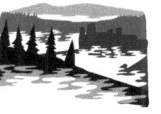

kgudi

fog

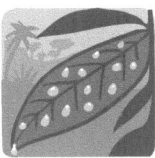

go koloba

humidity

legadima

lightning

legadima

thunder

ledimo

storm

sefako

hail

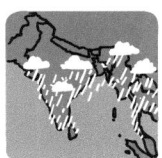

ledimo

monsoon

lefula

flood

lehlwa

ice

January

January

February

February

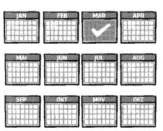

March

March

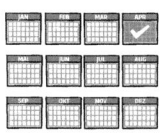

April

April

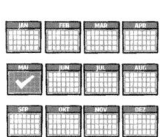

May

May

June

June

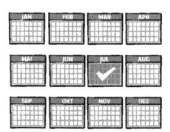

July

July

August

August

ngwaga - year

September
September

October
October

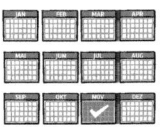

November
November

December
December

dibopego
shapes

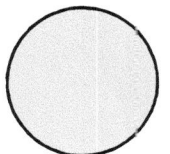

nthokolo
circle

sekwere
square

rectangle
rectangle

theraekele
triangle

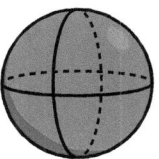

nthokolo
sphere

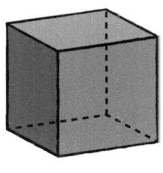

cube
cube

tshweu

white

kheri

yellow

namone

orange

pinki

pink

khubedu

red

phepholo

purple

pududu

blue

tala

green

tshehla

brown

kerei

gray

bontsho

black

še dintši / tše dinyenyane

a lot / a little

befetšwe / theotše maswafo

angry / calm

botse / befle

beautiful / ugly

mathomo / mafelelo

beginning / end

kgolo / nyenyane

big / small

seetša / leswiswi

bright / dark

abuti / sesi

brother / sister

hlwekile / ditšhila

clean / dirty

feletše / ga se e felele

complete / incomplete

mosegare / bošego

day / night

hwile / o sa phela

dead / alive

go bulega / go tswalelega

wide / narrow

e a jega / ga e jege

edible / inedible

bobe / go loka

evil / kind

mahlahlo / go tšwafa

excited / bored

bokoto / bosese

fat / thin

mathomo / mafelelo

first / last

mogwera / lenaba

friend / enemy

e tletše / ga e na selo

full / empty

tiile / e bonolo

hard / soft

ya roba / e bobebo

heavy / light

tlala / mokhoro

hunger / thirst

go babja / phetše gabotse

ill / healthy

ga e molaong / e molaong

illegal / legal

bohlale / lešilo

intelligent / stupid

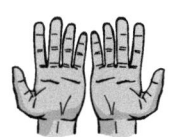

le letshadi / le letona

left / right

kgaufsi / kgole

near / far

mapsha / e dirišitšwe

new / used

selo / se sengwe

nothing / something

motšofadi / mofsa

old / young

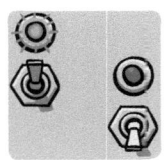

laeta / tima

on / off

bula / tswalela

open / closed

homola / rasa

quiet / loud

go huma / go diila

rich / poor

e lokilego / e sa lokago

right / wrong

makgwakgwa / go thelela

rough / smooth

go nyama / go thaba

sad / happy

mokopana / motelele

short / long

go nanya / go kitima

slow / fast

go koloba / go oma

wet / dry

borutho / go tonya

warm / cool

ntwa / khutšo

war / peace

numbers

0	**1**	**2**
nnoto	tee	pedi
zero	one	two
3	**4**	**5**
tharo	nne	tlhano
three	four	five
6	**7**	**8**
tshela	šupa	seswai
six	seven	eight
9	**10**	**11**
senyane	lesome	lesome tee
nine	ten	eleven

12

lesome ped

twelve

13

lesome tharo

thirteen

14

lesome nne

fourteen

15

lesome tlhanɔ

fifteen

16

lesome tshela

sixteen

17

lesome šupa

seventeen

18

lesome seswai

eighteen

19

lesome senyane

nineteen

20

masomepedi

twenty

100

lekgolo

hundred

1.000

sekete

thousand

1.000.000

milione

million

Seisemane

English

Seisemane sa Amerika

American English

Sechina sa Mandarin

Chinese Mandarin

Sehindi

Hindi

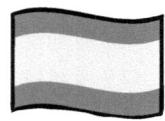

Spanish

Spanish

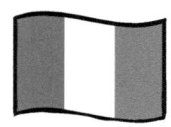

Sefora

French

Searabic

Arabic

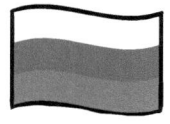

Serašia

Russian

Sepotokisi

Portuguese

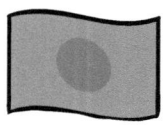

Sebengali

Bengali

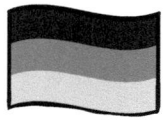

Sejeremane

German

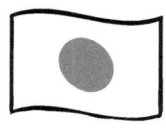

Sefapane

Japanese

Nna

I

wena

you

yena / yora

he / she / it

rena

we

wena

you

bona

they

bomang?

who?

eng?

what?

bjang?

how?

mo kae?

where?

neng?

when?

leina

name

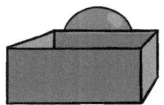

ka morago

behind

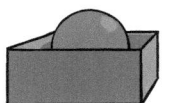

go

in

kgaufsi le

in front of

godimo ga

over

go

on

ka tlase ga

under

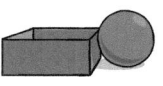

ka lehlakoreng la

beside

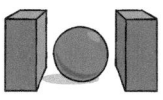

magareng ga

between

lefelo

place